THE
ERLEADER'S★BIBLE

チアリーダーズ☆バイブル

ちこ著
チアクリエーション代表
元NFLチアリーダー

Author by
CHIKO
Cheercreation Representative
Former NFL Cheerleader

東京書籍

1
協調性
チームでひとつの演技を作り上げる

★

スタンツやダンスなど、
自分だけではなく、チーム全員が
レベルアップすることが大事。
チームワークの大切さ、
楽しさを学べる。

身につく5つの力

2
自己アピール力
観る人を惹きつける力がつく

★

観る人を巻き込んで演技できたかが
採点基準のひとつ。
自分をアピールする力が
鍛えられる。

3
はじける笑顔
観ている人を
楽しい気持ちにさせる

★

観る人を元気づけることが
チアリーダーの存在意義！
周りを明るく盛り上げる力や、
積極性が身につく。

4
柔軟性
他の運動にも応用できる
柔軟性、基礎力が身につく

★

演技の幅、完成度を高めるために
柔軟性は大切。
体が柔らかくなると
ケガの予防につながる。

チアリーディングで

5
キレイな姿勢
体の軸が安定し、
背筋が伸びる

★

スタンツや、ジャンプ、キックなど、
体の軸をしっかり保って行う技が
いっぱい。腹筋、背筋が鍛えられ、
姿勢がよくなる。

はじめに

「チアリーディング」というと、みなさんはどんなイメージを持ちますか？　ミニスカートをはいて、ポンポンを持って、踊る応援団。そんな印象を持っている人も少なくないでしょう。

私自身も、大学でチアリーディングに出会うまでは、「競技性の高いスポーツ」という認識はまったくありませんでした。４歳で器械体操を始め、個人競技のおもしろさにのめり込んでいた当時の私にとって、チアリーディングはスポーツというよりも、「かわいく踊る女の子たちのもの」というイメージでした。しかし、実際に体験してみると、柔軟性、バランス力、筋力、瞬発力などあらゆる身体能力が必要とされる競技で、その奥深さとおもしろさに一気に引き込まれていきました。

チアリーディングの最大の魅力は「チームスポーツであること」。仲間がいることで、お互いに力を高め合いながらできる競技だということです。スタンツで上に乗るトップがバランスを崩しても、下で支えるベースやスポットが懸命にサポートしてくれる。体と体が触れ合いながら行うスタンツでは、チームメイトの思いを感じ取ることができ、それが思わぬ力を発揮させてくれることもあります。喜びや悔しさを共有し、ひとつのゴールにみんなで向かっていける、団体競技の魅力がぎゅっとつまったスポーツだと思います。

また、もともと人見知りだった私が、周りにはっきりと意見を言えるようになったり、人前で明るく振る舞えるようになったのも、チアリーディングに出会ってからです。

技術的な身体能力の向上はもちろん、協調性や積極性などさまざまなことを学べるチアリーディング。本書を通じて、ひとりでも多くの人がその魅力に触れ、心身ともに健やかな日々を過ごしてもらえたら、と願っています。

ちこ

T S

CONTEN

目次

C O N T E N T S

第1章

チアリーディングとは

チアリーディングとは何か

応援するために生まれ、競技として発展

チア（CHEER）とは、英語で「人を応援し、元気づける」という意味。その名のとおり、もともとチアリーディングは、アメリカンフットボールの応援としてアメリカで発祥しました。

当初は、エール交換などが中心でしたが、より観る人を楽しませ、試合を盛り上げるために、アクロバティックな技（スタンツ）が取り入れられます。こうして、掛け声（チア・サイドライン）とともに、笑顔でパフォーマンスをするチアリーディングのスタイルが、徐々にできあがっていきます。

今でも、アメリカンフットボールやバスケットボール、野球など、さまざまなスポーツを応援すべく、チアリーダーが活躍しています。また、大会で演技を披《ひ》露《ろう》し、技術、完成度などを競い合う「競技チアリーディング」も、ひとつのスポーツ競技として確立しています。

チアリーディングがひとつの競技となったのは1980年代。アメリカで初めての「大会」が開催され、ここから、「スポーツの応援」だけではなく、「演技を競い合うスポーツ」として広がりを見せていきます。

日本で初めての大会が開催されたのは1988年。チーム一丸となって、技の完成度、ダンスのシンクロ性などを競うチアリーディングは、協調性を重んじる日本の国民性ともマッチしたのかもしれません。

今では、未就学児から大学生、社会人と、老若男女《ろうにゃくなんにょ》問わず楽しむ人が増え、大会やイベント数も急増。子どもの習いごととしての人気も広がっています。

チアスピリットとは

誰かを応援する気持ちが、思いやりの心を育てる

チアリーディングのパフォーマンスを通じて「人を応援し、元気づける」のがチアリーダーの役割。そのチアリーダーが大切にしているのが「チアスピリット」です。

〝応援する精神〟とはつまり、「誰かを応援することを自分の喜びに変える心」のこと。大事なのは、自分以外の誰かの活動に共感し、力になりたいと願う「応援の心」。このチアスピリットを身につけることで、周りを思いやる気持ちを育てることができます。

さらに、思いやりの気持ちを持つことは、周りへの感謝の気持ちにもつながっていきます。チームメイトや家族など、周りにいる人たちへの感謝の気持ちを大切にすることも、チアスピリットのひとつ。スポーツとしての技術の向上以外に、応援する心、人を思いやる心を育てられるのも、チアリーディングの大きな魅力です。

チアリーダーに求められるもの

チアリーダーはみんなのお手本であれ！

高校や大学を舞台にしたアメリカのドラマや映画には、しばしば「校内の人気者」として、華やかなチアリーダーが登場します。明るく、自信にあふれた才色兼備《さいしょくけんび》という描かれ方が多くありますが、実際に、チアリーディング発祥の地・アメリカでは、チアリーダーは**学校やその地域の代表**とされています。勉強もスポーツもきちんとこなす模範《もはん》的な存在として、周囲の憧《あこが》れの的《まと》と考えられているのです。

日本でもその考え方は受け継がれ、練習や演技中の姿勢以外にも、日常生活でのあいさつ、マナー、勉強への態度をしっかり教えるスクールやチーム、部活がほとんど。レッスンや練習は、チーム全員で集まり、大きな声を出してのあいさつから始まるなど、日頃の立居振る舞いから学ぶことが多いのも、チアリーディングの特徴です。

協調性が身につく

チアリーディングの効果

演技の前には円《えん》陣《じん》を組んで、チーム名をみんなでコール！一体感が高まります。

一糸乱れぬ力強いダンスの動き、タイミングを合わせて行うアクロバティックな技（スタンツ）。

チアリーディングを行う上で、もっとも重要なもののひとつが、メンバー全員で息を合わせる「チームワーク」です。チーム全体のシンクロ性が高いことが大切で、とくにスタンツでは、どんなに簡単な技でも、一緒に組んでいるメンバーとタイミングを合わせなければ、絶対に成功しません。

チアリーディングでは、仲間とともにレベルアップしていく難しさと楽しさを学びながら、同時に協調性を身につけることができるのです。

チアリーディングの効果②

自己アピール力が高まる

応援から派生したスポーツですから、「その場を盛り上げ、観る人を巻き込んで演技する」ことが、チアリーディングの大前提。大会でも、「いかに観る人を惹きつけたか」「表情の豊かさ」「アイコンタクト」といったアピール力が採点のひとつに含まれます。

大切なのは、**自分が常に見られていること**を意識した上で、観る人に対して自分をアピールできるかどうかです。

積極性も身につくので、チアリーディングを始めてから、「人前に出るのが得意になった」「自分の意見を言えるようになった」「人見知りがなくなった」という人も多くいます。

観る人に掛け声をかける「アピール」も、チアリーディングの演技を構成する重要な一部。

APPEAL

チアリーディングの効果③

笑顔で元気に過ごせる

チアリーディングの最大の特徴のひとつが、**はじけるような笑顔**。ハードな動きをしながらでも笑顔を絶やさず踊るのは、周りを元気づけ、励ますのが「チアリーダー」だからです。

笑顔は、見ている人を自然と明るい気持ちにさせると同時に、笑っている側も**ポジティブな気持ち**になり、自分に自信が持てるようになります。口角を上げて笑顔でいると脳の動きが活発になるのは、アメリカの心理学実験でも実証されているほどです。

表情豊かに、人前でパフォーマンスをすることで、日常を心身ともに元気に過ごせるようになるでしょう。

360度どこからでも見られている
意識を持つのがチアリーダー。
笑顔は絶やしません。

SMILE

チアリーディングの効果④

柔軟性が身につく

チアリーディングでは、足を高く上げるキックやジャンプなど、さまざまな技が取り入れられ、チーム全員の柔軟性の高さが、演技の完成度を高めます。スタンツでも、上に乗るトップの体が柔らかいと、見せ方のバリエーションが増え、難易度の高い演技に挑戦できるようになります。だからこそ、練習前の柔軟体操は必須。**ストレッチを積み重ねることで**、柔軟性を高めることができます。

柔軟性は、あらゆるスポーツを行う上で必要な要素。体が柔らかくなることで、**ケガの予防**にもつながります。

練習の前には必ず柔軟体操を行います。
股関節《こかんせつ》を伸ばすのも大切！

STRETCH

チアリーディングの効果⑤

姿勢がよくなる

POSTURE

チアリーディングでは、常に体の軸をまっすぐ保つことが求められます。スタンツでは、腹筋、背筋を使って体をしっかり安定させなければ人を持ち上げることができませんし、人の上に立つこともできません。ジャンプやキックなどの技、俊《しゅん》敏《びん》な腕の動き（アームモーション）を取り入れたダンスでも、背筋を伸ばしたきれいな姿勢を保つことが大切です。

上半身が前後左右にぶれず、
背筋がまっすぐ伸びています。

練習を通じて、姿勢がよくなり、自分の体を自分でコントロールする力が身につけば、無駄な力を使うことなく、効率のいい動きができるようになります。少ないパワーでよりよいパフォーマンスを生み出す、スポーツの基礎が身につくのです。

チアリーディングの演技構成

チアリーディングの演技は、さまざまな要素で構成されています。音楽に合わせたダンスから、ジャンプやキックなどの技、掛け声を入れたチア・サイドライン、アクロバティックなスタンツ、側転やロンダートなどのマット運動まで、求められることはいっぱいです！

競技チアリーディングでは、演技時間は2分30秒（大会によって例外あり）。その時間内に、前述の要素をすべて入れるため、体力的にもかなりハードなスポーツといえます。審査基準には、元気のよさ、笑顔、技の完成度、難易度、連続性、スピード感、シンクロ性などが含まれ、総合点数で競い合います。

それでは、それぞれの要素を紹介していきましょう。

チアリーディングでの演技規定の例

安全規定

- 演技時間は２分30秒。
- ヘアリボンを除くすべてのアクセサリーは禁止。
- 底の柔らかいシューズを着用。ダンスシューズ、ブーツ、体操シューズは禁止。
- 小道具として、フラッグ、バナー、サインボード、ポンポン、メガホン、カットした布は使用可。
- 手具を持ったまま、または触れた状態でのタンブリングは禁止。

演技規定

- チアリーディングの要素（スタンツ、ピラミッド、タンブリング、ジャンプ、ダンス、アームモーションなど）を組み入れた構成とすること。

★大会や出場する部門によって内容は異なります。

演技構成①

ダンス

アームモーションを取り入れた振り付けが特徴

チアリーディングのダンスは、アームモーションと呼ばれる、**腕のひとつひとつの型**を組み合わせた動きを中心に、さまざまなダンスを取り入れて構成されます。腕の角度、形を正確にそろえるシンクロ性が最大の魅力です。

加えて、曲の中でポジションを変化させる「フォーメーション移動」や、同じ振りを異なるカウントで見せる「リプル」、動きの高低差をつける「レベルチェンジ」などの動きを組み合わせて、視覚的にも楽しい振りを見せるのがポイントです。

こんな視覚的効果があるよ！

フォーメーション移動

ダンス中にメンバーのポジションを変える

リプル

ひとつの動き（振り付け）を、カウントをずらして行う

ロールオフ

カウントにとらわれず、ひとつの動きをウェーブのように連続して行う

レベルチェンジ

アームモーションや立ち・座りといったポジションに高低差をつける

演技構成②

チア・サイドライン（コール）

お腹から大きな声を出して応援する

チア・サイドラインとは、チアリーダーが自ら発する**掛け声**でリズムを取り、アームモーションやスタンツを行うもの。基本的に、掛け声は数字を含めてすべて英語です。「チア」は、チームカラーなどを観る人と一緒に呼びかけ合い、「サイドライン」は、短い言葉（応援のフレーズ）を繰り返します。演技を続けながら、お腹から声を出すので、見た目よりもハード！チーム全員の掛け声がしっかり合っていることが大切です。

こんなコールがあるよ！

チア

Hey fans, together yell
CHEERS! ×× CHEERS!
Hey fans, let me hear you
say CHEERS! ×× CHEERS!
BLUE and WHITE,
everybody say
BLUE and WHITE!
BLUE and WHITE!
（××…2拍待つ）

「観客のみなさん、CHEERS（チーム名）と大きな声で叫んでください。チームカラーを一緒に言ってください」といった内容を観る人に繰り返し呼びかけます。
コールリーダーの掛け声で「1,2,3,4」「Ready OK！」などで始まります。

サイドライン

We are CHEERS
GO! FIGHT! WIN!
We are CHEERS
GO! FIGHT! WIN!
GO! FIGHT! WIN!

「GO! FIGHT! WIN!」「Let’s go!」「We are No.1!」などの応援フレーズを繰り返し呼びかけます。
チア・サイドラインともに、8拍から16拍のリズムに合わせて行います。

演技構成③

スタンツ

アクロバティックな技は チアリーディングの醍醐味《だいごみ》

チアリーディング**最大の特徴**であるスタンツは、チア特有の組体操のようなもの。トップ（上に上がる人）、ベース（土台となる人）、スポット（支える人）と、主に3つのポジションがあり、お互いに信頼し合い、タイミングを合わせて行うことが重要。チームワークがもっとも必要とされます。

常にケガと隣り合わせなため、基礎から段階を追ってレベルアップしていくこと、指導者やサポートメンバーがいる中で練習することが大切です。

いろいろなレベルがあるよ！

エレベーター

ベースが向かい合って、手を胸の高さまで上げ、トップを乗せる

ショルダーストラドル

ベースの肩にトップが乗る。お腹が落ちないよう体を引きしめる

ダブルベース・サイ・スタンド

ベース2人の足の付け根にトップが乗る基本の技。練習ではスポットをつけよう！

演技構成④

基本の技（ジャンプ・キック）

高さのあるジャンプ、足がキレイに伸びたキックで観る人を魅了

柔軟性、筋力、瞬発力、体幹など、あらゆる身体機能を使って見せるのが、ジャンプやキックなどの個人技。演技の中に必ず入ってくるもので、技の完成度によって演技全体の迫力が変わる重要なパートです。腕の動きに合わせて体を引き上げるタイミング、ひざからつま先までしっかり伸ばす足、ぶれない上半身……。技ひとつひとつに気をつけなければいけない点が多く、**習得まで時間がかかる**のも特徴。正しいフォームを学び、基礎からしっかり練習しましょう。

いろいろな技があるよ！

Cジャンプ
体全体でCの字を作る。
体の引き上げが大切

ストラドルジャンプ
手先、足先まで伸ばし、
きれいな×字を作る

サイドキック
上げる足のひざと
つま先をしっかり伸ばす

演技構成⑤

タンブリング

側転やロンダートなどで、演技に迫力を加える

タンブリングは、床やマットの上で跳《ちょう》躍《やく》や回転を行う技のこと。側転、ロンダート、バク転など難易度の異なる技があり、チアリーディングの演技に必ず取り入れられるものです。チーム全員で順番にタンブリングを行う見せ方や、スタンツ、ダンス中に一部のメンバーが行う見せ方などさまざま。見よう見まねで練習するとケガにつながりますので、まずは壁を使った倒立やブリッジなど、基礎から始めましょう。

これも大切!!

アピール

観る人を巻き込んで盛り上げる

演技が始まる前や、退場するとき、演技中のポジション移動時などに見られるチアリーディング特有の動きが、アピールです。アームモーションで腕を大きく動かし声を出しながら、観る人に呼びかけたり、盛り上げたりします。大会では、アピールをしながら入場し、自分のポジションにつきます。チアリーダーたちの呼びかけに呼応するように観る人も大声援を送り、会場が一体感に包まれます。

チア豆知識①

チアリーディングとはまた違う魅力がある！

チアダンスとは

チアという大きなくくりの中に、チアリーディングとチアダンスというふたつの異なる競技があります。

チアダンスは「ソングリーディング」とも呼ばれ、チアリーディングのダンス要素から派生したもの。タンブリングやスタンツは含まず、ダンスのフォーメーションやシンクロ性、ピルエット（ターン）などの技が重視されます。大会や部門などによって異なりますが、ヒップホップやジャズダンス、ファンクなどさまざまなダンスジャンルで演技が構成されるのが特徴。チーム全員が横一列になって手を組み、足を上げる「ラインダンス」など、チアリーディングとはまた違う、華やかな魅力があります。

チアダンスの演技規定の例

- スタンツは不可。タンブリングは推奨《すいしょう》されない。
- ラインダンスを演技の中に必ず入れること。
- ユニフォームは自由。衣装としてのアクセサリーも可。
- 曲に合ったダンスの同調性、正確で美しいアームモーション、視覚的効果（フォーメーションチェンジ、立体的変化）が求められる。

息のぴったり合った「ラインダンス」は大きな見せ場。

チアリーディングを始める前に知っておきたい

Q&A

Q
始めるにあたって必要なものは？

A
動きやすいストレッチ素材のジャージ、運動靴があれば大丈夫。
アクセサリーや、ジッパー、ボタンがついた服は、スタンツのときに危険なのでやめましょう。チアリーディング専用のシューズも多くあるので、慣れてきたら購入してみましょう。

Q
子どもは何歳から始められますか？

A
興味を持ったタイミングで、いつでも始められます。子ども向けのチア教室では、メンバーを４歳から募集しているところが多くあります。

Q
体がかたいのですが、大丈夫ですか？

A
体のかたい、柔らかいには個人差がありますが、積み重ねれば少しずつ柔らかくなります。柔軟体操では最初から無理をせず、少し負荷がかかる程度のストレッチを心がけましょう。

Q
大会やステージでは、何を着て踊るのですか？

A

チーム名やチームカラーの入ったユニフォームを着ることがほとんどです。トップスにスカートというスタイルで、さまざまなデザインのものがあります。

Q
ポンポンは必ず持って演技するのですか？

A

ポンポンを持たずに演技してもかまいません。大会では、ポンポンを使わずに演技するチームも増えています。チームカラーを反映したポンポンを使うチームもあります。

Q
ケガが多いスポーツという印象がありますが、大丈夫ですか？

A

スタンツやタンブリングではとくに注意が必要です。周りにサポートメンバーをつけ、基礎から順に練習していけば大丈夫です。マットを活用するなど、安全面には常に気を配りましょう。

チアリーディングの技を学ぼう!

Another Angle

別の角度からの写真を見て、
正しい動きをチェックします。

ステップごとに解説

技の動きひとつひとつを解説
しています。注意するポイントを
確認しましょう。

テクニカルアドバイス

スタンツではポジションごとに
注意するポイントが
書いてあります。

ここがPOINT!

上手になるためのポイントが
書いてあります。

第2章

チアリーディングの基本を学ぼう

チアリーディングを始める前に

ストレッチを必ず行おう！

柔軟性を高めることは、チアリーディング上達への第一歩！
ケガの予防のためにも、練習前には欠かさず行いましょう。

ストレッチの目的

1 柔軟性アップ

体が柔らかくなることで、キックやジャンプなどの上達がはやくなり、技のバリエーションも増える。

2 ケガの予防

かたまっていた筋肉がほぐれ、ケガの予防につながる。ジャンプやキック、スタンツでかかる体への負荷をきちんと吸収できるようになる。

3 運動する準備を整える

「これから運動する」という意識を体全体に与えることで、筋肉や関節の可《か》動《どう》域《いき》を広げる。

これも大切!!

運動前には体をあたためるウォーミングアップ、運動後には筋肉を休めるクールダウンを行いましょう。

ストレッチで気をつけること

1 無理のない範囲で行う

無理して続けると、体に過剰な負担がかかり、靭《じん》帯《たい》を痛めてしまうことも。少し負荷がかかる程度でキープしよう。

2 呼吸を止めずに行おう

呼吸を止めると筋肉が固まってしまうので、鼻から吸って、口から吐く呼吸を行おう。

3 正しいフォームで行おう

どこを伸ばしているストレッチなのかを確認しながら、「正しい形」を保ったまま行うのが大切。

①首のストレッチ

首の筋肉をほぐし、肩回りの可動域も広げていきます。

手を頭にそえ、首筋を伸ばす。もう片方の手を頭と反対の方向に伸ばす。

POINT
手で頭を押さず、頭の重さで首筋を伸ばそう

②肩、背中のストレッチ

上下前後左右、すべての方向に腕を大きく動かせるよう、肩《けん》甲《こう》骨《こつ》を伸ばします。

伸ばした腕をもう片方の腕でおさえ、背中、肩甲骨をストレッチ。

POINT
肩を下げ、姿勢を正して行おう

③腕のストレッチ

ひじを上に向け、体の側面を伸ばしていきます。

片方のひじを曲げ、上に向けて上げる。反対の手でひじを引き寄せ、二の腕を伸ばす。

POINT
腕の裏側の伸びを感じよう

④手首のストレッチ

スタンツでは、手首にも強い負荷がかかります。
しっかりほぐしてケガを
防止しましょう。

片方の手を胸の前にまっすぐ突き出し、反対の手で指先を体の方に引き寄せる。

POINT
手のひらの方を伸ばしたら、手の甲を前に突き出して伸ばそう

⑤お尻、腰のストレッチ

太もも裏から腰にかけて伸びを感じます。

片方のひざに反対の腕をかけ、ひざとひじで押し合うようにしてストレッチ。太ももの裏とお尻、腰をしっかり伸ばす。

POINT
姿勢を正したまま、目線はゆっくり後方に向けよう

⑥太もも裏のストレッチ

呼吸を止めずに、無理のない範囲で伸ばします。

両足をまっすぐ前に伸ばし、背中を伸ばしたまま、お腹を太ももに近づけるようにして前屈する。

POINT
両手を前方遠くに引き伸ばす

⑦体の側面、股関節のストレッチ

両足の裏側とともに体の側面を伸ばすストレッチ。両足が床から離れないようにして行います。

開脚し、体の側面を伸ばしながら体の横に腕を倒していく。体がかたい人は、ひざが曲がらない範囲で足を開こう。

POINT
お腹、胸を前に向けたままストレッチ。お腹が落ちたり、背中が丸まったりしないよう注意

⑧足首のストレッチ

アキレス腱《けん》を伸ばし、技やダンスでの体への衝撃をしっかり吸収できるようにします。

片方のひざを立てて、ひざに手を乗せ、ゆっくり前傾する。

POINT
体重を乗せて、足首、アキレス腱の伸びを感じよう

チアリーディングを始める前に

正しい姿勢をチェック

チアリーダーとして体を強く美しく見せるために、姿勢は重要！
正しい立ち方から確認しましょう。

スターティングポジションで確認！

OK!

肩を下げる
肩に力を入れず、首を長く見せる

お尻をしめる
お尻に力を入れ、腰が反らないよう注意

ひじをはる
きれいな三角形を作る

あごを上げる
胸をはってあごを軽く上に向ける

お腹に力を入れる
お腹をしめて、上体を垂直に伸ばす

両足をつける
足の内側の筋肉を使い、下半身から体を引き上げる。足を開いて立つときは、肩幅より足を広げ、つま先は正面に向ける

これはNG

背中が丸まり、あごが出ている。自信がなく見えてしまうので、きちんと胸をはろう

腰が反って、お腹だけが前に突き出ている。腰への負担も大きく、体の軸がぶれてしまうのでNG！

チアリーディングを学ぼう！

アームモーション

アームモーションはチアリーディングの基本のき！
正しい形を確認しながら練習を重ねましょう。

アームモーションで気をつける3つのポイント

1 フィストの向き

フィストとは「グー」の形のこと。フィストの親指の方か小指の方どちらかを必ず前に向けるのがアームモーションの特徴。正しい向きをしっかり確認しよう。

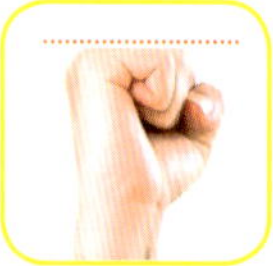

指4本を横にまっすぐ平らにして、親指を出さない。指の間にすき間ができないように握ろう！

2 ひじをまっすぐ

ひじがまっすぐになるように伸ばすことが、アームモーションを力強く見せるコツ。肩甲骨から腕にかけてしっかり力を入れながら、肩は下げたまま練習しよう。

3 姿勢をキレイに

アームモーション中は、お腹に力を入れ、胸をはって、あごを上げること。腕を大きく動かしながらも、体の軸がぶれないように姿勢を正したまま行おう。

基本のアームモーション①

クラスプ

脇をしめ、両手をあごの前の位置で握ります。
チア・サイドラインで、コールに合わせて
リズムを取るときにも多用される
モーションです。

脇をしめる
脇をしめ、両手をあごの前の位置で握る

握った手はあごの前に
胸をはり、ひじを引き上げた位置でキープ

４本の指はとじたまま、ぎゅっと握る

これはNG

脇が開くと、体を引きしめにくくなってしまう

基本のアームモーション②
ハイV《ブイ》

勝利の「V」(ヴィクトリー)を作ろう!

アームモーションは、自分の体より、こぶしひとつ分くらい前に出し、フィストが視界に入る位置でとめましょう。

親指を前に向ける
指の間にすき間ができないように握る。手首が反ったり丸まったりしないよう注意

肩を下げる
首を長く保ち、胸をはる

ひじを伸ばす
フィストから肩まで一直線をキープ!

足は肩幅より広く
床を踏みしめ、ひざを伸ばす。つま先は前に向ける

これはNG

手首が丸まり、猫のような手になるのはNG。鏡で正しいフィストの位置を確認しよう

4本指が前に向いている。フィストの向きをチェック!

基本のアームモーション③
ローV《ブイ》

ハイVと同じく、親指の方を前に向けます。
体の少し前で作り、しっかり胸をはりましょう。

胸をはる
腕に引っ張られて猫背にならないよう、正しい姿勢をキープ

ひじを伸ばす
肩からフィストまで一直線の形を保つ

これはNG

腕が体より後方にあるのはNG！　腰が反ってお腹が前に出ないよう注意しよう

左右の腕の開きがちぐはぐにならないよう形をチェックしよう

基本のアームモーション④
T《ティー》モーション

アルファベットの「T」を作ろう!

両腕を横にまっすぐ伸ばして親指の方を前に向けます。手首が反ったり、丸まったりしないよう注意しましょう。

横に一直線

背中の筋肉を使い、腕を床と平行の位置に伸ばしてキープ

腕は体の少し前に

腕が体より後ろに伸び、胸が前に出ないよう注意

これはNG

腕が上がっても、下がってもNG！手首が反ったり丸まったりしないこと

基本

ブロークンTモーション（ハーフTモーション）

Tモーションの位置から、ひじを曲げて作る。ひじが下がらないよう、左右にぴんとはることが大切

基本のアームモーション⑤

パンチアップ

片方の手は腰につけ、
もう片方の手を
天井に向けて突き上げる
アームモーション。
アピールでも
よく使われます。

小指を前に
フィストをしっかり握り、
小指側が前を向くように

耳につける
伸ばしたひじが耳につく
のが正しい形

これはNG

腕が耳から離れ、ハイV
と近い位置になっている

基本のアームモーション⑥

ダガー

「短剣」という意味のアームモーション。
脇をしめ、肩の前にフィストを持ってきます。
ひじからフィストまでを
垂直にまっすぐ伸ばしましょう。

小指を前に向ける
フィストを立て、丸まったり反ったりしないよう注意

脇をしめる
ひじからフィストまでが縦に一直線になる

これはNG

脇が開き、フィストが丸まっているのはNG。腕は必ず垂直にしよう

基本のアームモーション⑦

タッチダウン（ハイダガー）

両腕を天井に向けて突き上げ、ひじをまっすぐ伸ばします。両腕が離れたり近づかないよう、平行に保ちましょう。

ひじを伸ばす

肩を下げ、首を長く見せる

小指の方が前を向く

小指側を前に向け、指４本が横にまっすぐ平らになるのが◎！

これはNG

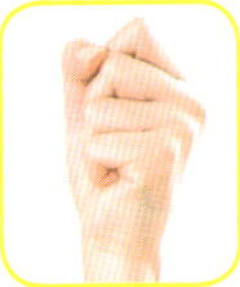

フィストの握りが甘い。指４本をしっかり平らにして握ろう

基本　ローダガー

タッチダウンをそのまま下に下げる。ローＶの位置との違いを確認しよう。

基本のアームモーション⑧

ダイアグナル

片方の腕はハイVの位置、
もう片方の腕はローVの位置に伸ばし、
対角線を作るアームモーションです。

体の軸を保つ
腕に引っ張られて
体がぶれないこと

肩を下げる
胸をはり、
正しい姿勢を
キープ

ハイV、ローVの位置を確認
正しい位置に出せるよう
形をチェック。
左右バランスよく
練習しよう

これはNG

どちらか一方が開きすぎたり、垂直に伸びて、左右のバランスが崩れている

基本のアームモーション⑨

L《エル》モーション

アルファベットの「L」を作ろう!

片方の腕はパンチアップの位置、もう片方の腕はTモーションの位置に伸ばします。しっかり90度の位置を保ちましょう。

Tモーションの位置をキープ
腕が下がりやすいので、背中の筋肉を使って横一直線に伸ばそう

上のフィストは小指が前
ハイVにならないよう、小指側を前に向ける

横のフィストは親指が前
左右のLモーションを連続して練習し、体に覚えさせせよう

これはNG

フィストの向きがそれぞれ逆になっている。
間違えやすいので注意！

アルファベットの「K」を作ろう!

ここでは「ランジ」という足の形を作っています。体を大きく見せるアームモーションです。

基本のアームモーション⑩
K《ケイ》モーション

片方の腕はハイV、もう片方の腕はローVの位置に伸ばす

体の重心が左右にぶれないよう姿勢を正そう

胸をはる

胸がしっかり前を向くよう意識しよう

片方のひざを曲げ、つま先を横に向ける

ひざがかかとの真上にくるのが正しいポジション

もう片方のひざを伸ばし、つま先は前に向ける

ひざは前に向け、ひざを伸ばして体を支える

これはNG

腰が反っている。モーションの位置も確認しよう

腕に引っ張られて、前のめりにならないよう注意

DVDのLesson4を見よう!

おうちでトライ!

アームモーションを強くする自宅レッスン方法

アームモーションでは、正しい形を作ると同時に、その位置にすばやく、力強く出すこと、そして、脇をしめてすばやく戻すことが大切です。キレのある動きを習得するには、アームモーションを組み合わせた動きの練習を重ねることが大事!

そこで、ハイV、ローV、Tモーション、パンチアップの4つの基本のアームモーションを、カウントに合わせて出す練習をしてみましょう。好きな音楽のリズムに合わせて、自宅で挑戦してみてください。

DVD

DVDのLesson1を見よう！

チアリーディングを学ぼう！

基本の技

演技に力強さを加える技の数々

ステージに華やかさやダイナミックさを加える、キックやジャンプなどの技。柔軟性、筋力、瞬発力など、あらゆる運動能力が求められ、正しいフォームを習得するには、反復練習が必要になります。本書で、形を丁《てい》寧《ねい》に確認しながら、練習していきましょう。

キックやジャンプを練習するときは、「1《ワン》、2《ツー》、3《スリー》、4《フォー》、5《ファイブ》、6《シックス》、7《セブン》、8《エイト》」とカウントをかけながら行います。リズムに合わせてできるようになったら、好きな音楽に合わせて練習してみましょう。

技で気をつける3つのポイント

1 体の軸をぶらさない

足を高く上げたり、きれいにジャンプするには体の軸をぶらさないことが大切。お腹に力を入れ、体は常に上に引き上げた状態を保とう。

2 力だけに頼らず、タイミングを合わせる

力づくでやろうとせず、カウントをかけながら、手足を開くタイミング、体を引き上げるタイミングを合わせよう。

3 つま先、ひざを伸ばす

技を大きく、力強く行うには、足を長く見せることが大切。つま先、ひざが伸びているだけできれいに見えるので、つま先は床から離れた瞬間から伸ばそう。

難易度 ★☆☆☆☆

基本の技①

サイドキック

足をななめ横に上げる、基本のキック。
1、2、3、4とカウントをかけながら、左右バランスよく練習しましょう。

ここがPOINT!
ひじが下がらないよう
しっかりはる

1

足を後ろにかけ、キックの準備

「1」で、ブロークンTモーションを作り、上げる足を後ろにかける。軽くジャンプして足を後ろに置くと、勢いがついてキックしやすい。

ここがPOINT!
つま先をしっかり伸ばす

ここがPOINT!
下を向かない

ここがPOINT!
ひざが前を向くと、お尻が出て姿勢が崩れてしまう。ひざは必ず天井の方に向ける

2

ひざ、つま先を伸ばし足を引き上げる

「2」のカウントと同時に腕はTモーションに伸ばす。上げる足は、床から離れた瞬間からつま先、ひざを伸ばし、軸足のひざも曲がらないよう注意する。

3

足をしっかり閉じる

「3」のカウントで、気をつけの姿勢で終える。足の上げ下げをすばやく行い、終わったときに足が閉じていることが大切。

これはNG

足がどんなに上がっても、軸足が曲がったり、体の軸が左右に傾いてはNG。体をまっすぐに保ったままできるよう練習しよう。

テクニカルアドバイス

上げた足は、ななめ横に出し、ひざを天井の方に向け、つま先を伸ばします。腕はTモーションの位置で固定しましょう。

難易度 ★★☆☆☆

基本の技②

フロントキック

足をまっすぐ前に振り上げるキック。
体を引き上げ、正しい姿勢のまま行うのがポイントです。

ここがPOINT!
脇をしめて、体を引き上げる

1

ダガーを作り足を引いて準備

腕はダガーからスタート。「1」のカウントで上げる足を後ろに引くときに、軽くジャンプする。

ここがPOINT!
下を向かない
ここがPOINT!
つま先、ひざを伸ばす

2

ハイVにすると同時に足を引き上げる

「2」のカウントで、つま先、ひざを伸ばしてキックし、軸足のひざも伸ばす。お腹が落ちないよう、体全体をしっかり引き上げよう。

これはNG

軸足が曲がり、お腹が落ちて背中が丸まっている。練習を始めるときは、足を高く上げることではなく、正しい姿勢を保ったままできることを優先しよう。

テクニカルアドバイス

お腹を落とさず、体を引き上げることがポイント。ハイVの位置をしっかりキープしたまま、足を体に寄せるように上げて練習しましょう。

難易度
★☆☆☆☆

基本の技③
ストラドルジャンプ

空中で両足を広げる初級のジャンプ。
腕を開くタイミングに合わせて足を開き、体を引き上げます。

1

足を閉じ、ハイVでジャンプ準備

「1」のカウントで、ハイVと同時にかかとを上げて、上体を引き上げる。

ここがPOINT!
かかと同士をつけ、思いっきり上げる

2

腕を内側に回す

「2」のカウントで、ハイVを内側に回し、両手をひざのあたりでクロス。ひざをきちんと曲げるのがポイント。

ここがPOINT!
ひじをまっすぐ伸ばしたまま腕を内側に回す

基礎を確認!

アプローチジャンプ

腕の開きと同時にジャンプができるようになるまで、足を開かずに、体を上に引き上げる練習を重ねよう。

ここがPOINT!
お尻を突き出さない
ここがPOINT!
ひざを正面に向ける
ここがPOINT!
足指の付け根でしっかり床をけり、床から離れた瞬間からつま先を伸ばす

3 タッチダウンにしてジャンプ

「3」のカウントでジャンプ。空中では、ひざを正面に向け、つま先を伸ばす。上半身が前後左右にぶれないよう注意。

別Ver.

ハイVを作るストラドルジャンプもある。体をしめて引き上げよう。

テクニカルアドバイス

腕を回す反動を使い、体を引き上げます。腕の開きとタイミングを合わせてジャンプしましょう。着地のときには足音がしないよう体をしめます。体が前に倒れたり、左右に傾かずにまっすぐ上に跳ぶ練習を重ねましょう。

難易度

基本の技④
C《シー》ジャンプ

体全体でCの形を作るジャンプ。
体をしめ、引き上げる力がますます重要になります。

ここがPOINT!
かかとを思いっきり上げる
ここがPOINT!
腕は内側に回す

1

足を閉じ、ハイVでジャンプ準備

ストラドルジャンプと同様に、かかとを上げて、上体を引き上げる。

2

腕を内側に回す

ストラドルジャンプと同様に、ハイVを内側に回し、両手をひざのあたりでクロスする。

ここがPOINT!
お腹に力を入れ、腕の引き上げと同時に体を引き上げる

3 ひじ、ひざを90度に曲げてジャンプ

足をそろえたまま、ひざを90度に曲げた状態を作る。ひじも90度に曲げ、足を曲げた方向に傾け、体全体でCの字を作る。

ここがPOINT!
ひざからつま先までそろえ、つま先は伸ばす

テクニカルアドバイス

お腹をしっかり引き上げないと、きれいな形が作れません。自分がジャンプを始めた場所にきちんと着地し、足音がしないよう注意しましょう。

難易度 ★★★★☆

基本の技⑤

トータッチジャンプ

ひざを天井に向け、足を180度まで開くジャンプ。
個人の技の中で、もっともダイナミックなジャンプのひとつです。

ここがPOINT!

気をつけの姿勢からハイVに、最短の時間で到達することが上達への近道。「1」のカウントに合わせ、ハイVの状態でとまる練習も効果的

1 足を閉じ、ハイVでジャンプ準備

ハイVと同時にかかとを上げて、上体を引き上げる。

2 腕を内側に回す

ハイVを内側に回し、両手をひざのあたりでクロス。ひざをきちんと曲げるのがポイント。

3

腕はTモーションにし開脚してジャンプ

床をけって真上に跳び、足を開く。ひざを天井に向け、つま先を伸ばす。

ここがPOINT!
胸をはり、顔を前に向けたまま、上体を前に倒さずジャンプする

ここがPOINT!
床から離れた瞬間からひざを上に向け、ひざ、つま先はぴんと伸ばす

ここがPOINT!
「つま先にタッチする」という意味の技だが、実際は、Tモーションの両手に向かって、両足を振り上げて近づける

3

ひざを曲げて着地

ジャンプの衝撃を和らげるため、着地時にはひざを必ず曲げる。手は気をつけに戻す。

テクニカルアドバイス

お腹に力を入れ、体を引き上げます。ひざを天井に向けるのがポイントです。アプローチジャンプ、ストラドルジャンプを練習した上で、挑戦しましょう。

おうちでトライ!

トータッチジャンプ上達のための自宅レッスン方法

トータッチが跳べるようになるためには、柔軟性、ジャンプ力に加え、腹筋と太ももの筋肉で体を引き寄せ合う瞬発力も重要! ここでは、部屋の中でできるトレーニング方法を紹介します。

1

床にあおむけになり、手を上に伸ばす。

ここがPOINT!
足を閉じて体をしめる

2

腹筋を使って上半身を起こし、同時に足を開く。

すばやく開脚し、すばやく元の姿勢に戻る!

ここがPOINT!
ひざを曲げず、お腹を引き上げる

第3章

スタンツに挑戦

DVDのLesson2を見よう！

チアリーディングを学ぼう！

基本のスタンツ

基礎から丁寧に練習を積み重ねよう

チアリーディングといえば、アクロバティックな技を見せるスタンツをイメージする人も多いはず。スタンツは、チアの演技の中でも、もっとも盛り上がるパートです。みんなで息を合わせ、ひとつの技を完成させたときの達成感は大きく、団体競技ならではの喜びを感じることができます。

一方で、ケガと常に隣り合わせでもあるため、基礎から丁寧に練習し、安全を確保してから、難しい技に挑戦しましょう。本書では、エクステンションまでを紹介します。

主なポジションと役割

トップ

上に乗る人。バランス力、柔軟性に加え、自分の体をしめてコントロールする力が求められる。

スポット

トップの乗り降りの動作を補助する人。すぐれたフットワークでトップを守り、スタンツ全体の統率《とうそつ》を取る。トップを絶対に下に落とさないという強い気持ちも大切。

ベース

土台となり支える人。体の軸をしっかり保つ体幹と下半身の強さが重要。ダブルベースのときは、ベースふたりがお互いに息を合わせてはじめて成功する。

スタンツを上げるときの掛け声

チームによって異なるが、「せーの！　1《ワン》、2《ツー》、ダウン、アップ」とスポットが声をかけ、トップを上げることが多い。

スタンツで気をつける3つのポイント

1

マットを敷いて、安全第一！

ケガの防止のため、必ずマットを敷いて行おう。足場が不安定にならないよう、固めのマットを使うのが◎。マットを２枚以上並べて使うときは、マットとマットのすき間に足を取られないよう、ぴったりとくっつけよう。

2

メンバーみんなでタイミングを合わせる

スタンツは、力を使って上げなくても、スタンツを組んでいるメンバーのタイミングが合えば、スムーズに上がるもの。掛け声のリズムに合わせ、お互いの動きを感じ取りながら行おう。

3

周りに人がいる状態で行う

トップがバランスを崩したときのために、スタンツを組むメンバー以外に、サポートで入ってくれるメンバーや指導者がいる状態で練習しよう。落ちてきたトップがケガをしないようにしっかりサポートしよう。

難易度 ★☆☆☆☆

スタンツ①

ダブルベース・サイ・スタンド

スタンツの基本中の基本。
体の軸がぶれないようになるまで、繰り返し練習しましょう。

1

トップは、ベースの足の付け根に片足を乗せてスタンバイ

全員、前を向いて胸をはる。とくにベースは、体が前後にぶれないよう、重心を真ん中にして正しい姿勢を保つ。

スポット

ここがPOINT!

トップの腰を持つ。前に押したり、後ろに引いたりしないよう、トップの動きをしっかり見て感じることが大切

トップ

ここがPOINT!

トップは、ベースの首の付け根に手を置く。手のひら（親指と４本指の間）でベースを押して体を引き上げる

ベース

ここがPOINT!

ベースふたりは「ランジ」を作る。内側のひざ同士が前後に重なるように、ひざを曲げる。外側のひざは伸ばし、つま先は前に向ける。体の重心を真ん中にしたままキープしよう

"技、完成!!"

スポット
ここがPOINT!
掛け声をかけ、アップと同時にトップの腰を持ち上げる。前に押さないよう注意しよう

トップ
ここがPOINT!
お尻をしめ、お腹に力を入れて、体を上に引き上げる

2

「1、2、ダウン、アップ」の掛け声でトップが上に乗る

トップはひざを伸ばし、安定したらハイV。ベースはトップのつま先と太ももを支える。

ベース
ここがPOINT!
太ももを支えている方のひじを自分の体に引き寄せるようにして脇をしめる。胸を前に向ける

Another Angle

テクニカルアドバイス

トップ
「ダウン」でひざを曲げ、「アップ」で床をけり、一気に体を引き上げます。上がったら、ひざを伸ばします。

ベース
足の向きに注意して、正しいランジの姿勢を確認！　脇をしめて、トップの足を支えるのが重要です。

スポット
トップを前に押したり、引いたりせず、まっすぐ上に引き上げ、支えましょう。

難易度 ★★★☆☆

スタンツ②

サイド・サイ・スタンド

ベースひとりの上にトップが乗る基本のスタンツ。
ダブルベースよりも難易度が高くなります。

1

ベースの足の付け根に片足を乗せてスタンバイ

ベースは片方の足を曲げ、もう片方の足を伸ばす「ランジ」の姿勢を作る。トップはベースの肩に手をかける。

スポット ここがPOINT!
トップの真後ろに立ち、トップの腰を持つ

トップ ここがPOINT!
ベースの肩を押して上に上がるように、手をしっかりかける

ベース ここがPOINT!
トップが乗りやすいように、右足を深く曲げ、太ももが平行に近くなるようにかまえる

Another Angle

“技、完成!!”

トップ ここがPOINT!
床をしっかりけって、一気に軸足に体重を乗せる。リバティでは、太ももが床と平行になる位置まで引き上げる

スポット ここがPOINT!
トップの体が左右にぶれないように腰を支える

ベース ここがPOINT!
脇をしめて、トップのひざ上をしっかり支える。胸をはり、猫背になったり背中が反らないよう重心を真ん中にして体の軸を保つ

2 「1、2、ダウン、アップ」の掛け声に合わせて上がる

トップは、ベースの肩を押して上がり、軸足のひざ上につま先をそえる「リバティ」の姿勢になる。

リバティ
太ももを引き上げ、軸足のひざ上につま先をそえる形のこと。骨盤《こつばん》が左右に傾かないように意識する。

テクニカルアドバイス

トップ
床から一気にリバティを作るので、床をしっかりけり、ベースの肩を押して体を引き上げます。リバティを床で練習してから行いましょう。

ベース
ランジの姿勢をしっかり確認。お尻をしめ、お腹に力を入れて、体がぶれないようにしましょう。

スポット
おろすときにトップの横に移動するときは、トップから手を離さないように、腰を支えたまま動きましょう。

“ここからはディスマウント”

※ディスマウント…スタンツからおりること

3 リバティの足を前に出し、おりる準備

スポットはトップの横に移動し、お腹と背中をはさむようにしてサポート。トップはタッチダウンで体を引き上げる。

トップ

ここがPOINT!

リバティから出した足に体重が持っていかれないよう、体は上に伸ばす

スポット

ここがPOINT!

腰を支えながら横に移動して、お腹と背中に手をそえる

ベース

ここがPOINT!

軸足をしっかり支えたままキープ

4 トップはベースの前に着地

トップは、リバティから出した足にそろえるようにして両足で着地。ベースは、トップが足を外したらすぐに腰を支える。

トップ
ここがPOINT!
着地のときに足音を立てないよう、体を引き上げた状態をキープ
スポット
ここがPOINT!
トップがやさしく着地できるように上体をしっかり支える
ベース
ここがPOINT!
トップの着地に合わせて、足をそろえる

難易度 ★★★☆☆

スタンツ②
サイド・サイ・スタンドの応用技
ヒールストレッチ

サイド・サイの上で、トップが足を上げる技。
床でできるようになってから挑戦しましょう。

トップ
ここがPOINT!
上げた足のひざが前を向くと、お尻が後ろに突き出てしまうので注意
トップ
ここがPOINT!
上げた足に体の軸が引っ張られないように注意
ベース
ここがPOINT!
トップが足を上げた瞬間に体がぶれないよう、下半身、お腹に力を入れる
トップ
ここがPOINT!
両腕がハイVになるときれい!
上げた足の土踏まずを持ってヒールストレッチ
ひざを伸ばし、自分の方に向け、足を体に引き寄せるようにして上げる。

テクニカルアドバイス

トップ

体の軸がずれないことが大切。
床でひとりでできるようになってから挑戦しましょう。

難易度 ★★★★☆

スタンツ②
サイド・サイ・スタンドの応用技
スコーピオン

サイド・サイの上で、足を後ろに上げるスコーピオンを作ります。
しっかり柔軟体操をしてから行います。

トップ
ここがPOINT!
スコーピオンをきれいに見せるため、サイド・サイ・スタンドを横向きに作る
両手で足のつま先を持つ
両ひじをしっかり伸ばした状態でつま先を持てるのが理想の形。
スポット
ここがPOINT!
トップの腰がベースの頭上に位置するように支える

テクニカルアドバイス

トップ

腰と背中の柔軟性が必要なので、普段からストレッチを重ね、床の上で安定してできるようになってから挑戦しましょう。

難易度 ★☆☆☆☆

スタンツ③

ショルダーストラドル

トップがベースの肩に乗る基本のスタンツ。
まずは、簡単な上げ方から練習します。

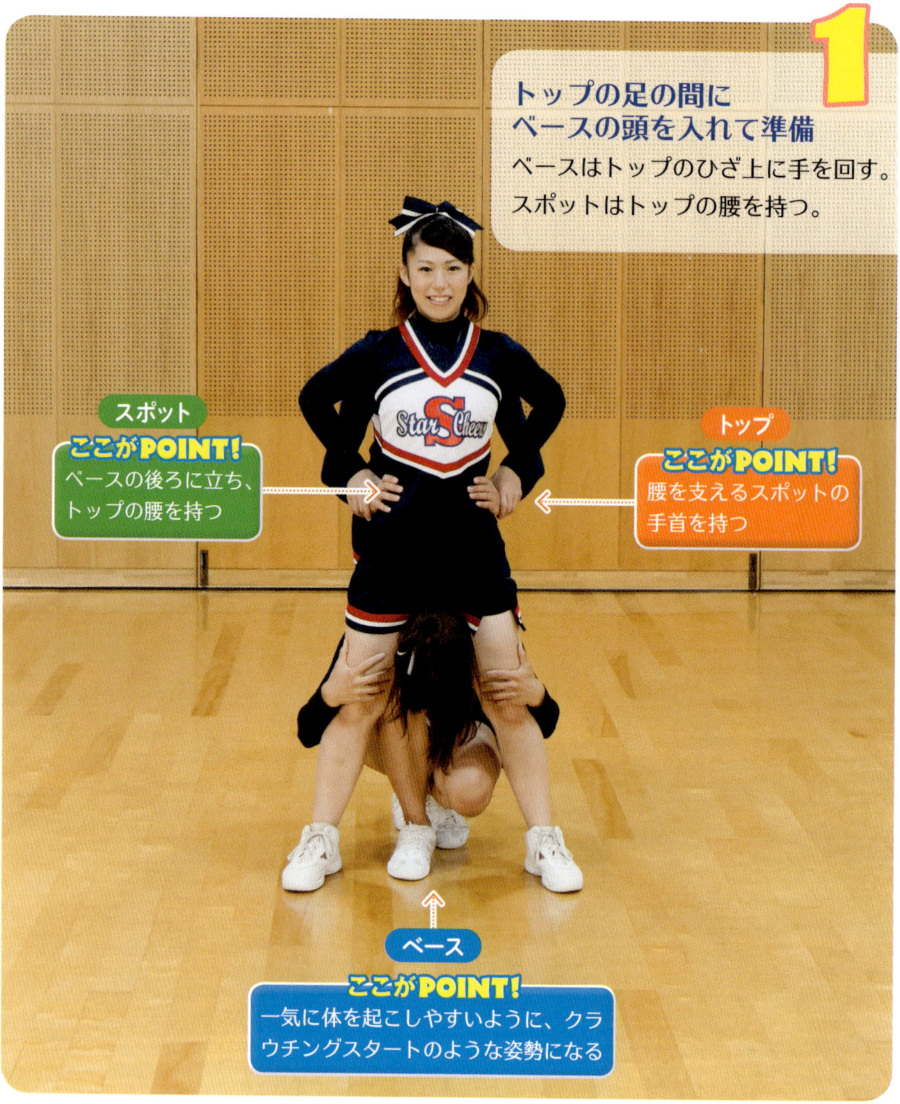

1

トップの足の間に ベースの頭を入れて準備

ベースはトップのひざ上に手を回す。
スポットはトップの腰を持つ。

スポット
ここがPOINT!
ベースの後ろに立ち、トップの腰を持つ

トップ
ここがPOINT!
腰を支えるスポットの手首を持つ

ベース
ここがPOINT!
一気に体を起こしやすいように、クラウチングスタートのような姿勢になる

"技、完成!!"

トップ
ここがPOINT!
足をベースの背中にかけて、体をしめる

2

「1、2、ダウン、アップ」の掛け声で上がる

トップは、「ダウン」でひざを曲げジャンプの準備をし、「アップ」で床をけり、スポットの手を押して体を上に引き上げる。

ベース
ここがPOINT!
「アップ」で体を起こし、上がったら、トップのひざの上をしっかり支える

"ディスマウント"

3

ベースは体を前に倒しトップをおろす

スポットは、トップが急に落ちないように腰を支える。

テクニカルアドバイス

トップ
上がったら、お腹と背中で上体を支え、背筋を伸ばします。

ベース
下半身の力を使って、体を起こします。お腹に力を入れ、腰が反らないように注意します。

スポット
トップの腰を支え、ベースの頭上に引き上げます。

難易度 ★★★☆☆

スタンツ④

ジャンプアップのショルダーストラドル

トップがジャンプして上がるショルダーストラドル。まずはジャンプする練習から始め、最終的にはベースとトップだけでできるようにしましょう。

1 トップがベースの前に立ち、準備

ベースはトップの腰を支え、トップはベースの手首を持つ。スポットは横に立ち、トップの脇下、ベースの手首にサポートに入る。

2 「1、2、ダウン、アップ」の掛け声で上がる

トップはジャンプアップし、ベースの手首を真下に押しながら体を引き上げる。ベースはトップの体を持ち上げる。

"技、完成!!"

スポット

ここがPOINT!

トップが上がったら、ベースの後ろに回り、トップの腰を支える

3 ベースとトップが手をつなぎ、おりる準備

トップは足を前に伸ばす。ベースの手の平とトップの手のひらとが反発し合うようにつなぐ。

“ここからはディスマウント”

トップ
ここがPOINT!
ベースの手のひらと押し合いながらおりる
スポット
ここがPOINT!
スポットは横に移動し、トップの脇の下と、ベースの手首にサポートに入る

4 ベースとトップの反発の力を利用しながら着地

ベースはトップの腰を支えて、着地の衝撃が少なくなるように引き上げる。

Another Angle

トップのお尻がベースの顔の位置まで上がったら、ベースは、トップの足の間に頭をすばやく入れる。

1
2
“技、完成”
3
4
5

テクニカルアドバイス

トップ

乗るときは真上に跳び上がるジャンプ力が必要。ジャンプの高さが足りないまま、すぐに足を開いたり、お尻を出すのはNGです。

ベース

乗せるときはトップをしっかり上に跳ばしてから、トップの足の間に頭を入れます。トップとタイミングを合わせることが大切です。

スポット

トップがジャンプしたい「真上」に引き上げることが大事。最初は、スポットを左右両方につけて行いましょう。

難易度
★★☆☆☆

スタンツ⑤

エレベーター withポスト

いよいよエレベーターに挑戦！
ポスト（前のスポット）をつけた練習（ピックアップエレベーター）から始めましょう。

1

トップとポストが手をつないで準備

ベースの手の上にトップが乗り、スポットはトップの腰を持つ。

トップのつま先とかかとを包み込むように持つ。

2 トップとポストが手を押し合い、その反発を使って上がる

ベースは下半身のバネを使ってトップを上げる。スポットはトップが安定するまで太ももを支える。

トップ ここがPOINT!
「アップ」の掛け声に合わせて、ポストの手を押し、お尻を突き上げるようにして上がる

ベース ここがPOINT!
腰が反らないようお腹に力を入れる。トップの力に負けて、体が外に逃げないよう、体の軸を保つ

“技、完成!!”

3 ポストと手を離してハイV

上で安定したら、トップは体をまっすぐ立ててハイVに。スポットは足首を支える。完成したらポストは前を向き、トップと同じモーションをすることも多い。

トップ ここがPOINT!
お尻をしめ、胸をはってあごを上げる。下を見ないこと！

トップ ここがPOINT!
ひざを伸ばす

ベース ここがPOINT!
手全体でトップの靴を包み込むようにして支える。指だけで持とうとしても安定しないので、手のひらでしっかり土台を作ろう

"ここからはディスマウント"

4 ポストと手をつなぎ、おりる

トップはひざを伸ばし、顔は前を向いたまま。下半身に体重を残しながらポストと手をつなぎ、体を引き上げた状態をキープ。

スポット
ここがPOINT!
足首を持ったまま下におろす

ベース
ここがPOINT!
ベースが互いにトップの足を寄せながら下におろす

5 床の近くまでトップをサポート

トップは体を引き上げ、ベース、スポット、ポストは床におろす直前までトップを支える。

トップ
ここがPOINT!
ひざを曲げない

6 静かに着地

トップは床につくまでひざを曲げず、着地のときに少し曲げて衝撃を吸収する。

ベース　スポット

ここがPOINT!
トップが床につくまでしっかり支える

テクニカルアドバイス

トップ
ポストの手のひらを押しながらお尻を突き上げ、ひざを伸ばして体を安定させます。胸をはり、下を向かないようにしましょう。

ベース
下半身のバネ、ひざをしっかり使い、手だけで上げないこと。腰が反らないよう、お腹に力を入れましょう。

スポット
いつ崩れてもすぐにキャッチできるようにし、トップから目を離さず、体から手を離さないことが大切です。

難易度 ★★★☆☆

スタンツ⑥

ポップアップのエレベーター

ポストなしで、トップが跳び乗って上がるエレベーター。
トップの体の引き上げがさらに重要になります。

1 トップがベースの肩を持ち、ポップアップの準備をする

ベースは脇をしめ、腰にひじを寄せて手のひらを前に出す。ひざを軽く曲げる。「ダウン」の掛け声でひざをさらに深く曲げる。

スポット
ここがPOINT!
トップの後ろで、腰を持つ
トップ
ここがPOINT!
両手をベースの首の付け根に置く
トップ
ここがPOINT!
「2」の掛け声で、かかとを上げ、ポップアップのために体を引き上げる

2 ポップアップして乗り込みの姿勢になる

トップは、「アップ」の掛け声に合わせ床をけり、お尻を引き上げる。腕だけで自分の体を支えられるのが理想。

スポット
ここがPOINT!
トップの腰を高い位置まで持ち上げる
トップ
ここがPOINT!
顔は前を向く
トップ
ここがPOINT!
手に体重をかけ、お尻を下げない
ベース
ここがPOINT!
手（ひじから先）が下がらないよう注意。ひざの伸縮を使ってトップを上げること

"技、完成!!"

3 トップが上がり、エレベーター完成

トップはベースの肩を押して体を上に引き上げる。上がったらひざを伸ばし、お尻をしめて、ハイVを作る。

トップ ここがPOINT!
足の内側の筋肉を使って、体をしめる

スポット ここがPOINT!
トップから目を離さない

ベース ここがPOINT!
あごの前にトップの足がくる位置で、手を安定させる

Another Angle

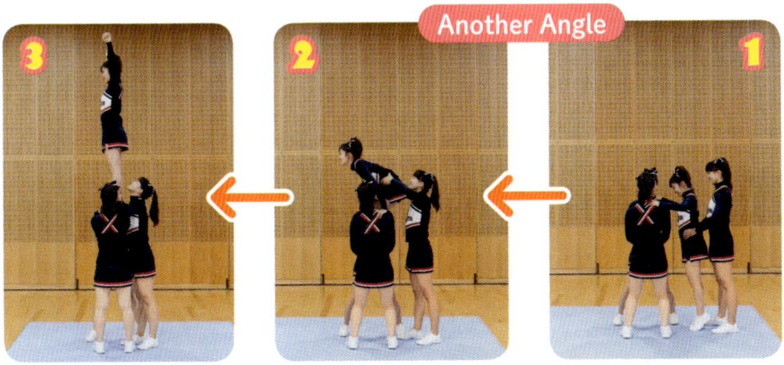

テクニカルアドバイス

トップ
乗り込むときは、床をけって腰を高い位置まで自らを引き上げます。上がるときは、ベースの肩を真下に押して上に伸び上がります。乗り込みのとき、腕で体を支えられると理想的です。

ベース
お互いにタイミングを合わせることが大切。手の力ではなく下半身のバネを使って上げます。アップのときに、背中が反って体が開かないように注意。

スポット
上げるときはトップの腰を上に放り投げるように上げ、すぐにトップの足の高い位置を支えます。足首に入るときは、トップの背中を見て、いつ崩れてもキャッチできるようにします。

4 ベースとトップが手をつなぎ、おりる準備

ベースはつま先を支えていた手を離し、トップの手を支える。トップはひざを伸ばしたままキープ。

トップ
ここがPOINT!
ひじを曲げない
トップ
ここがPOINT!
つま先に入っていた手が離れるため、やや後ろ体重にして体を安定させる
ベース
ここがPOINT!
トップの手と反発し合うようにつなぐ

こんなやり方もあるよ!

スポットが前に回り、ベースの手首とトップの脇の下にサポートに入る

5 ベースがトップの脇を支えておろす

ベースは、トップの足を真ん中に寄せてから、かかとを支えていた手を離し、すばやくトップの脇に入る。

ベース ここがPOINT!
トップの手を外側のななめ上に引き上げるようにして、支える

トップ ここがPOINT!
体を引き上げたまま静かにおりる

スポット ここがPOINT!
着地のときにはトップの腰を持つ

難易度

エレベーターからの
ディスマウントバリエーション①
はらい（スイープ）

トップの足をはらってキャッチするおろし方です。
キャッチの姿勢（クレイドルキャッチング）から練習しましょう。

トップは Tモーションでかまえる 1

キャッチされやすいよう、腕はTモーションにし、体を引き上げた状態をキープ。

トップの足をはらい、キャッチの姿勢に 2

ベースは手首を使ってトップの足をはらい、スポットはトップの脇の下に腕を入れる。

トップ
ここがPOINT!
はらいのときも、ひざは曲げない。つま先も伸ばす
スポット
ここがPOINT!
はらう瞬間、スポットはトップの足首を押す
ベース
ここがPOINT!
はらったあと、すばやく腕を伸ばし、腕が胸より下に下がらないようにかまえる

3 クレイドルキャッチングの姿勢になる

トップはベースの肩に手を回し、自分の体をしめる。ベースふたりの腕が交互になるようにキャッチする。

トップ ここがPOINT!
つま先、ひざを伸ばし、腹筋を使って「く」の字を作る
スポット ここがPOINT!
胸をトップの背中にぴったりくっつけて、できるだけ高い位置でキャッチ
トップ ここがPOINT!
腕をベースの肩にかけて自分の体重を支える
ベース ここがPOINT!
できるだけ高い位置でキャッチ
ベース ここがPOINT!
ひざのクッションを使って、キャッチの衝撃を吸収

Another Angle
1
2
3
4

テクニカルアドバイス

トップ
はらわれる瞬間も体を引き上げる。しっかり腹筋を使って「く」の字を作らないと、両足が下がってしまうので注意。

ベース
はらったあとに、両腕を胸の上の高さに伸ばし、できるだけ高い位置でキャッチ。体が外に逃げないようお腹に力を入れます。

スポット
トップから目を離さず、トップに体を密着させるようにしてキャッチしましょう。

難易度 ★★★★☆

エレベーターからの
ディスマウントバリエーション②
ポップアップ

トップを上に突き上げてからキャッチするおろし方。
４人がタイミングを合わせることが大切です。

1 ハイＶやＴモーションなどでポップアップの準備

「１、２、ダウン、アップ」の掛け声に合わせてポップアップする。

2 「ダウン」で突き上げる準備

ベースはひざを曲げ、お互いにダウンの深さ、タイミングを合わせる。

トップ
ここがPOINT!
ひざを伸ばし、胸をはって正しい姿勢を保つ

ベース
ここがPOINT!
下半身のバネをしっかり使う。
腰が反らないよう、お腹に力を入れる

3 「アップ」でトップを真上に突き上げる

ベース、スポットは、両腕を伸ばしきる高さまでトップを跳ばす。

ベースふたりは腕を交互に出し、クレイドルの準備

4 クレイドルキャッチングの姿勢になる

できるだけ高い位置でキャッチ。トップは腹筋を使って「く」の字を作る。

トップ
ここがPOINT!
ベースの力をもらい、体を上に引き上げる
トップ
ここがPOINT!
体がすぐに「く」の字に曲がらないように注意

Another Angle

4
3
2
1

テクニカルアドバイス

トップ

ベースが突き上げる力を感じて、上に体を伸び上げる。ひざを曲げず、お腹、お尻をしめたまま行いましょう。

ベース

下半身のバネを使ってトップを突き上げます。ふたりで「ダウン」のタイミングや、突き上げるはやさ、トップを押し上げる瞬間のタイミングを合わせましょう。

スポット

トップを跳ばしたら、できるだけ高い位置でトップをキャッチしましょう。

難易度 ★★★★★

エレベーターのバリエーション①
リバティ

エレベーターの上で、片足軸で立ちます。
トップの体の引き上げ、バランス力が求められる難しい技です。

トップ
ここがPOINT!
ベースの肩に手をかけ、まっすぐ前を見る

ベース
ここがPOINT!
手のかまえの位置は、ベースふたりのちょうど真ん中

1 片足をかけて、リバティの準備

左足をベースの手の土台に乗せる。ベースは、ひとりが土台に、もうひとりはそのサポートに入る。

準備の段階から、ベースの手を開いた状態でスタンバイする方法もある。やりやすい方で練習しよう。

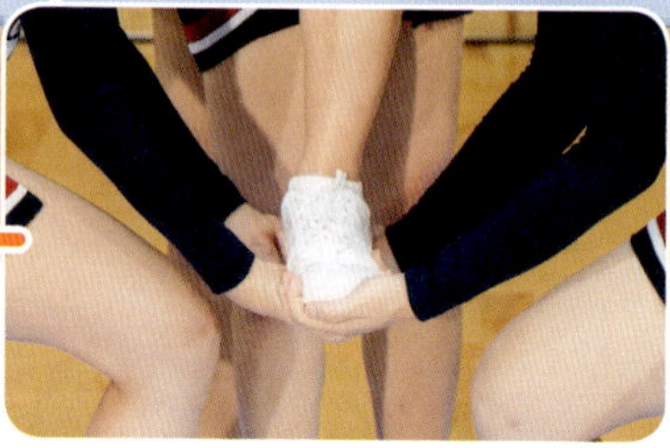

サポートに入るベースは、トップの土踏まずの位置と、土台のベースの手を支えて準備。

2 ベースの肩を押し、一気にリバティを作る

トップは床をけり、肩を押して体を引き上げる。上げている足に体重が残らないように、一気に軸足に乗ることが大切。

スポット ここがPOINT!

トップの腰を一気に持ち上げたら、すばやく足首とひざ上を支える

ベース ここがPOINT!

サポートに入るベースは、もうひとりのベースの手や、トップの足首を持ち、ぐらぐらしないよう固定。トップが安定する位置を見つけて支える

テクニカルアドバイス

トップ

リバティで上げた足に体重が残らないよう軸をかためることが重要です。

ベース

土台となるベースの動きに合わせて、もうひとりのベースが動き、ふたりが息を合わせることが成功のポイントです。

スポット

トップが左右に崩れることが多い技なので、トップから目を離さず、すぐにキャッチできるよう準備することも大切です。

難易度
★★★★★

エレベーターのバリエーション②

ヒールストレッチ

さらに難易度を上げ、エレベーターの上でヒールストレッチをします。
床で安定してできるようになってから挑戦しましょう。

トップ
ここがPOINT!
つま先、ひざを伸ばす

上げた足のひざを自分の体の方に向け、ひざ、つま先を伸ばす

トップは体の軸をまっすぐに保ったまま、足を自分の体に引き寄せるようにして上げる。

テクニカルアドバイス

トップ

自分の体をコントロールする力が求められます。床で安定してできないまま挑戦すると、体をまっすぐ保てず転落することも。
柔軟性を高め、基礎をかためてから練習しましょう。

難易度 ★★★★★

エレベーターのバリエーション③

スコーピオン

エレベーターの上でスコーピオンに挑戦します。
床で安定してできるようになってから行いましょう。

トップ
ここがPOINT!
軸のひざを伸ばす
スポット
ここがPOINT!
足首とひざを支える。
トップから目を離さない

エレベーターの上でスコーピオン完成

足を持った手のひじを両方伸ばせるのが理想形。体が前に落ちたり、足に引っ張られて後ろに倒れないよう、床でしっかり練習しよう。

テクニカルアドバイス

トップ

リバティからお腹、お尻に力を入れ、体が前に倒れたりぐらつかないよう、軸足にしっかり体重を乗せましょう。

難易度
★★★★☆

スタンツ⑦
エクステンション

エレベーターからのエクステンション
（プレスアップ・エクステンション）に挑戦します。

1 エレベーターで準備

エレベーターでぐらぐらしていてはエクステンションに挑戦できない。体をしめ、土台を安定させる。

2 「ダウン」で突き上げの準備

ベースふたりのタイミングを合わせ、エクステンションに上げる準備。

トップ
ここがPOINT!
ひざを曲げず、体は引き上げたまま

ベース
ここがPOINT!
ひざを曲げ、下半身のバネを使う

トップ
ここがPOINT!
足の内側の筋肉をしめ、体を上に引き上げる
ベース
ここがPOINT!
手が開かないよう、頭上に突き上げる
ベース
ここがPOINT!
腰を反らせずお腹に力を入れる

3 腕を伸ばしきってエクスステンション完成

「1、2、ダウン、アップ」の掛け声で、ベースは一気に腕を伸ばす。このとき、体が開かないよう注意する。

テクニカルアドバイス

トップ

足が広がりやすいので、内側の筋肉で足を引き寄せる意識が大切。ひざを曲げず、目線は前に向けたままキープしましょう。

ベース

ふたりで、「ダウン」のタイミング、突き上げのスピードを合わせることが大切。腕を伸ばしたときにふたりの高さがまちまちのときは、足の開脚で調整します。腕だけで上げようとせず、下半身の力を使いましょう。

スポット

トップの足首を支える。前に押したり引っ張ったりせず、固定させること。届かないときは、ベースの手首に入ります。

難易度 ★★★★★

スタンツ⑧

オール・ザ・ウェイアップ・エクステンション

乗り込みのポップアップから一気にエクステンションを完成させます。

1 乗り込みの姿勢で腰を高い位置まで上げる

トップ
ここがPOINT!
腰が一気に高い位置に上がるようになるまで、乗り込みの練習を繰り返す
スポット
ここがPOINT!
トップの腰を高い位置まで持ち上げる。上げたら足首を支える

2 エクステンション完成

トップはベースの肩を勢いよく押し、体を真上に伸び上げる。ベースは上げるタイミング、はやさを合わせる。

テクニカルアドバイス

トップ

乗り込みの姿勢で腰を高くキープ。手で体を支え、押し上げる力も必要です。ベースの手をけって上がらないよう、足の内側をしめましょう。

ベース

ひざの伸縮を使い、上げる過程をすばやくすることが成功のポイント。ふたりで動きを合わせる練習を繰り返しましょう。

スポット

まっすぐ上に引き上げます。できるようになるまでは崩れることが多いので、すぐキャッチできるように、トップから目を離さないようにしましょう。

＋αレッスン

ベアハグ・キャッチングの練習をしよう！

低い位置からおりてくるトップを、ベースひとりで安全にキャッチする基本の形。体のしめ方や引き上げ方を確認するためにも、トップにとっていい練習になります。イスを使って練習しましょう。

1 トップは体を引き上げたまま、片足を前に出す

トップ

ここがPOINT!
タッチダウンで体をしめる

2 ベースはトップの腰と足を持つ

3 ベースはトップの体を自分に引き寄せるようにしてキャッチ

4 トップは体を引き上げ、ベースはトップを引き寄せながら、安全に着地させる

トップ

ここがPOINT!
ひざを曲げ、足音を立てないように着地

おうちでトライ!

トップのための自宅レッスン方法

自分の体を常に引きしめ、コントロールすることが必要なトップ。体の引き上げ方、足の内側の筋肉の使い方を体で覚えれば、スタンツで上がったときに、より安定するようになります。自宅で、ふたりでできるトレーニング方法を紹介します。

1

床にあおむけになり、手は体の側面につけ、足首を持ってもらう。

ここがPOINT!
両足が離れないよう、ぴたっとくっつける

2

肩から足の先までがななめ一直線になるように、お尻、お腹を引き上げる。

ここがPOINT!
お尻が落ちないようにしめる!

呼吸を止めずに5秒キープ!

第4章

タンブリングを学ぼう

DVDのLesson3を見よう!

チアリーディングを学ぼう!

タンブリング

観る人をわかせるフロア上の技!

ステージを縦、横、ななめに大きく使ってタンブリングを見せるチームに、観る人は魅了されます。タンブリングのスピード感や迫力には、チアリーディングならではの力強さがあります。

ただ、倒立の基礎からしっかり練習しないと、上達が遅いばかりか、ケガをすることも多く危険です。

正しい形、体の使い方をきちんと確認し、チームメンバーとふたりで取り組むなど、工夫して練習を進めてください。

タンブリングで気をつける3つのポイント

1

壁を利用して基礎から順番に！

倒立に恐怖感のある人は、壁を使って練習しましょう。腕を伸ばし、体を支える感覚が分かるようになってから、壁のないところで挑戦すれば、上達もはやいはずです。壁の方を向いて練習すると、正しい姿勢を確認することができます。

2

指導者やサポートメンバーをつけて安全第一！

倒立の練習でも、腕の使い方、体のしめ方が分からないまま、見よう見まねで行うと、頭から崩れて危険です。筋力のない人はとくに、指導者をつけて練習しましょう。

3

マットを敷いて練習しよう

走り込んでの側転やロンダートでは、着地のときの衝撃が大きいので、必ずマットの上で練習します。体操用のマットを使用して、手首、足首を痛めないよう注意しましょう。

難易度 ★★☆☆☆

タンブリング①

倒立

まずは倒立をキレイにできるようになることが重要！
サポートに入ってくれる指導者や仲間と一緒に練習しましょう。

1

片方の足を出して、倒立の準備

お腹に力を入れて姿勢を正し、腕をまっすぐ上に振り上げる。

サポート ここがPOINT!
倒立する人の前に立つ

ここがPOINT!
まっすぐ前を向いて胸をはる

これはNG

腰が反ってお腹が出てしまっている

2 足をけり上げて、倒立する

ひざ、つま先を伸ばし、足をそろえる。両手で床をしっかりと押し、ひじを伸ばす。目線は床に向ける。

サポート ここがPOINT!

足首を持って支える。足が開いたり、ひざが曲がらないようチェック！

ここがPOINT!

お尻をしめ、お腹をへこませ、体が垂直に一直線になるように意識

テクニカルアドバイス

両手でしっかり床を押し、体を支えましょう。お尻、お腹を引きしめることが大切です。

側転

倒立ができるようになったら側転に挑戦。
足をつま先までしっかり伸ばして行いましょう。

1 両腕を上げ片方の足を前に出す

腕を上げるときに、体も一緒に引き上げる。顔は前に向ける。

2 手を順番につけて、ひざを伸ばしたまま足を上げる

ひじを伸ばし、両手は縦一直線になる位置に置く。出している足と同じ側の手からつける。

ここがPOINT!
床をぐっと押して手を離す

ここがPOINT!
つま先を伸ばす

難易度 ★★★☆☆

3 側転してきた方向を向いてフィニッシュ

次の技につなげるためにも、スタートした方向を向く。両腕を頭上まで伸ばし、姿勢を正して終える。

テクニカルアドバイス

ひざ、つま先、ひじをしっかり伸ばして行うこと。一直線に側転できるよう、手を置く位置、足のつく位置を意識して練習しましょう。

タンブリング③

ホップして側転

走り込んでから側転をする練習に進みましょう。
演技の中では、走り込みからのタンブリングができることが必要になります。

ここがホップ！
ここがPOINT!
側転ではじめに出す足と反対の足で踏み込む

1

助走をつける

助走からホップをスムーズに行う。

難易度 ★★★☆☆

2 走った勢いを使って側転

ホップしたあと、しっかり床をけってから、手を遠くにつけるよう心がける。ひざ、つま先はぴんと伸ばす。

3 側転をしてきた方向に向いて、フィニッシュ

腕で床を押して立ち上がる。

テクニカルアドバイス

走った勢いとホップの力を使って側転します。ひざ、つま先まで意識し、手で床をしっかり押して練習しましょう。

タンブリング④

ホップしてロンダート

側転が上手にできるようになったらロンダートに挑戦。
倒立の形をキレイに見せることが大切です。

2

走った勢いを使って足をけり上げる

手を遠くにつけ、ひじを伸ばす。
ひざ、つま先もぴんと伸ばす。

1

助走をつける

助走からホップをスムーズに行う。

難易度 ★★★★☆

3 足をそろえ、倒立を見せる

両手でしっかりと床を押し、空中で足をそろえる。

ここがPOINT!
つま先をそろえて伸ばす
ここがPOINT!
両足が床についたときには、体がしっかり起き上がっているようにする

テクニカルアドバイス

空中で足をそろえるところがロンダートの特徴。両手で床を押し上げる力も必要です。ひじは絶対に曲げないよう注意しましょう。

おうちでトライ!

タンブリング上達のための自宅レッスン方法

自宅レッスン方法 その①

タンブリング上達のためには、ブリッジと倒立が正しくできることが大切。自宅でもできるよう、壁を使って練習する方法を紹介します。

1

両手を床につき、
壁につたって足を上げる。
サポートに入る人は、
その足を支えながら
上げていく。

ここがPOINT!
目線は床に向ける

2

足を上げ、体を壁に
近づけていき、
倒立になる。サポートの
人は、両足が開いたり、
お腹が出たりしないよう
チェックしながら支える。

ここがPOINT!
お尻をしめ、
腰が反らないよう注意

自宅レッスン方法 その②

1

壁から離れて立ち、
背中を反らせながら
壁に両手をつく。
サポートに入る人は、
腰を支える。

2

両手で壁をつたって、
ブリッジになる。
両手で床をぐっと押す。

チア豆知識②

バスケット・トス

ベースの手でバスケット（かご）を作り、トップを跳ばす華やかなスタンツ。
トップが空中でさまざまな技を披露します。

トータッチ

空中で開脚する技

バックフリップ

空中で後方抱え込み宙返りをする技

エックスアウト

抱え込みの姿勢（バックフリップの頂点）で体を開き、同時に開脚する、難易度の高い技

難しい技がいっぱい！

スタンツのバリエーション

スタンツには、本書では紹介していない難しい技がたくさんあります。
そのいくつかを紹介していきます。

ツー&ハーフ

ツー・ツー・ワン

エレベーターなど２段の高さの上に、さらにトップが乗る大技。「２人半」の高さになるため、「ツー＆ハーフ」と呼ばれます。これ以上の高さの技は、危険なので禁止されています。

ピラミッド

本書のスタンツを組み合わせて挑戦！

スタンツを組み合わせて、手や足がつながっている状態で大きなピラミッドを作ります。エクステンション、エレベーター、ショルダーストラドルなど、本書で学んだスタンツで応用できます。

第5章

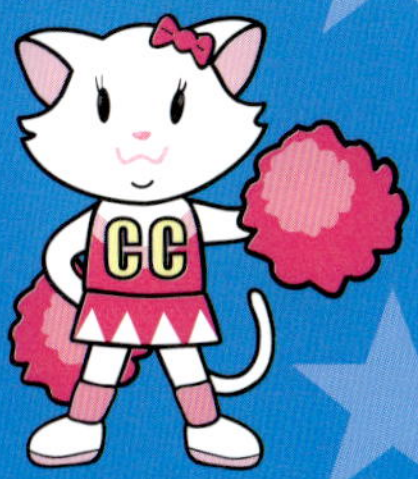

チアリーディングを始めよう

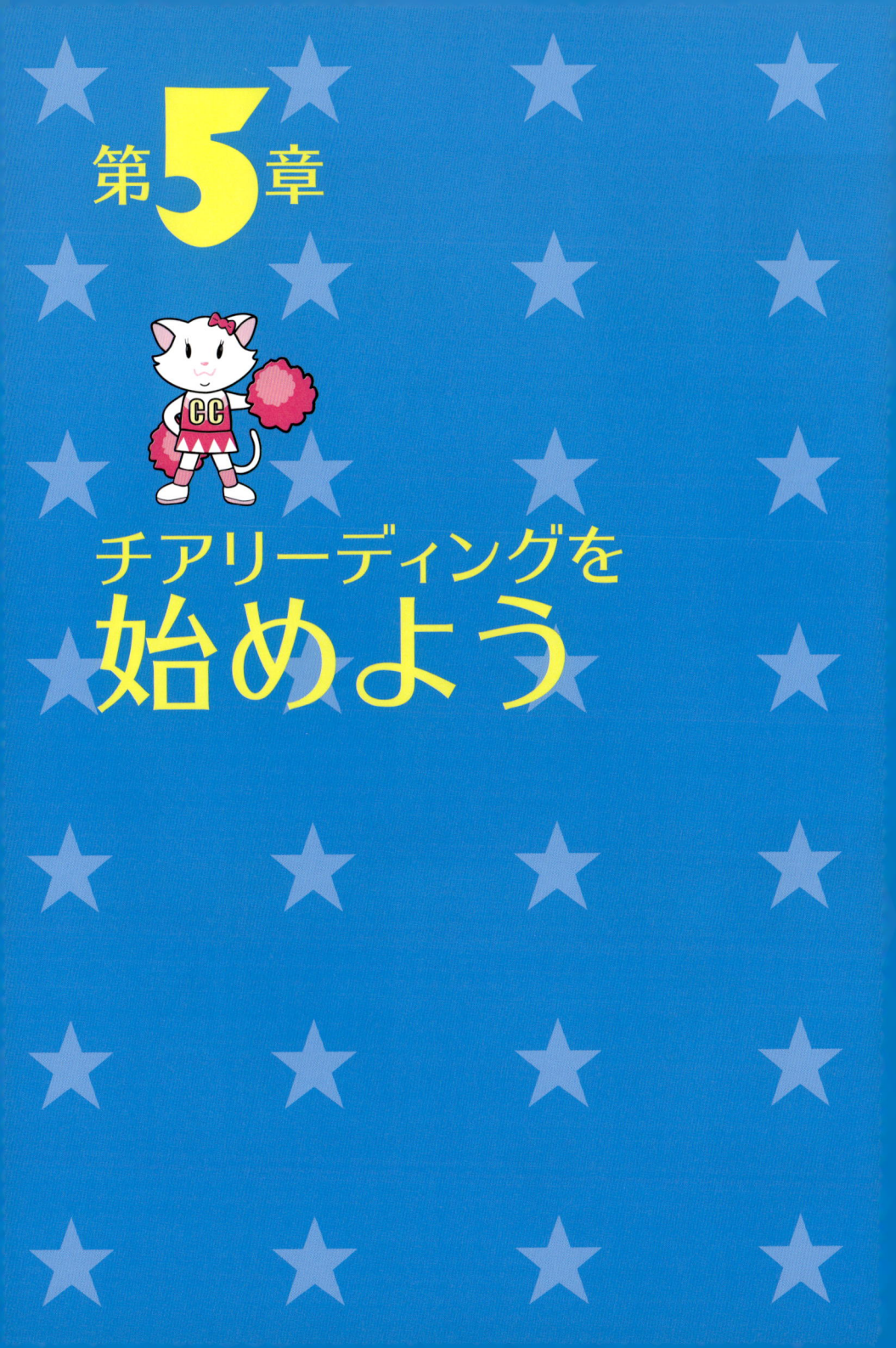

チアリーディングを始めるには

習いごととしても人気

未就学児からシニア層まで、幅広い年代が楽しんでいるチアリーディング。いまや子どもたちの習いごととしても広く知られています。

　レッスンのスタイルはさまざまで、スポーツクラブやカルチャースクールでのレッスンは、週1回1時間が基本です。クラブチームでは、コーチの方針に応じて週数回、数時間行うところも。イベントやスポーツの応援などでパフォーマンスをするチームから、チアリーディングの大会で優勝を狙うチームまで、目的も発表の場もそれぞれです。

　始めたいと思ったら、コーチの方針を知るためにも、一度レッスンの見学、体験に行ってみましょう。

いろんなスタイルのレッスン、チームがある！

1 スポーツクラブ カルチャースクール

大型ショッピングセンターが持つカルチャースクールや、大手スポーツクラブにあるレッスン。そのスクールやクラブが開催する発表会に出演することも多い。週1回1時間が基本だが、スクールの方針による。

2 クラブチーム

チアリーディング経験者が個人的に立ち上げたチームが多い。その地域の小中学校や地方自治体の施設を借りて活動を行っているところがほとんど。イベントや大会前に練習が増えたりなど、コーチの方針によって練習量もいろいろ。

3 部活

練習量の多さは圧倒的！？その学校の体育教師が指導にあたったり、外部講師が定期的に来たり、指導方針は多様。大学では、体育会チアリーディング部からサークルまで、数チームあるところもあり、活動内容もそれぞれ。

レッスンを見に行こう！❶

クラブチーム

世田谷チアリーディングチーム Pinky's（ピンキーズ）

それでは、実際にクラブチームの練習をのぞいてみましょう！　お邪魔したのは、数々の大会で優秀な成績をおさめているピンキーズ。２時間のハードな練習を、楽しそうに全力で取り組む子どもたちの姿をレポートします。

世田谷チアリーディングチーム Pinky's

2006年に世田谷を拠点に設立されたチアリーディングチーム。メンバーは４歳から中学３年生まで約90名。難易度の高い技も安全に練習できるよう、コーチは11名体制で指導にあたっている。強さの理由は、個々人の技術レベルを上げ、誰が欠けてもチームのレベルは落とさない、安定した「チーム力」！

18：30　レッスンスタート！

練習は週１回２時間。夕方のレッスンは、小学３年生以上のクラス。大きな声であいさつをしてから始まります。

ストレッチは入念に

子どもたちのカウントでストレッチを行う。足の裏側、股関節、肩甲骨など、レッスンで使う部分をしっかり伸ばします。

2人組で倒立の練習

タンブリングの上達のために、チームメイトとペアになって倒立を練習。「お腹が出てるよ！」「お尻に力入れて！」とコーチたちのげきが飛びます。

体を引き上げる力、
バランス力が
求められます

チームワークを学ぶ

３人１組での練習。両脇のふたりがひとりを持ち上げて運びます。誰が一番はやいかを競争！「もう少しだよ、がんばって！」と声をかけ合いながら、練習中も笑顔がこぼれます。

休憩中も笑顔で練習！

ドリンク休憩でも、スコーピオンの練習に励む！「できるようになったよ！」と、友達同士で披露中。

いよいよスタンツ！

全員で同じカウントでスタンツを上げるため、まずは動きを確認。それぞれの持ち場でシミュレーションを行います。

体験に来たメンバーに、コーチが個別指導。ベースの姿勢、手足の使い方を丁寧に教えます。

みんなで動きを
確認しながら！

スタンツを行うときは安全第一！
不安定なところはないか、コーチの目が光ります。

タイミングが大切

ディスマウント（ポップアップ）を練習。
１分間、同じ技を繰り返します。

疲れてきたときこそ、体を引きしめる！

全員でカウントをかけながらエクステンションの練習。１分間休みなく行い、疲れても安定して上がるように練習します。「ベースは肩から引き上げて！」とコーチの声が体育館に響きます。

クールダウンして終了

ゆっくり15分かけてストレッチ。使った筋肉の疲れを取り除きます。体をきちんとケアすることも、強さの秘訣です。

練習のあとのクールダウンはとても大切！

問合せ　Pinky'sヘッドコーチ新舘祐子さん
y.niidate@gmail.com

レッスンを見に行こう！❷

スポーツクラブ

ルネサンス蕨《わらび》
ピーチラビッツ蕨

全国展開しているスポーツクラブ、ルネサンスのチアリーディングクラスに潜入《せんにゅう》！週1回1時間のレッスンで、年1回の大会やスポーツイベントに参加している「ピーチラビッツ蕨」のレッスンをのぞいてみます。

17：00　キッズクラススタート！

４歳から小学２年生までのクラスがスタートし出席を確認します。名前を呼ばれたら「私の好きな○○」「今日の出来事」などを発表。人前で元気に話す力を養います。

ピーチラビッツ蕨

ルネサンス蕨で練習しているチアリーディングチーム。メンバーは4歳から中学３年生までの25名。年に１回の大会出場や、スポーツの応援、地元のお祭り、ルネサンスが主催する発表会などに出演している。

ウォームアップ&ストレッチ

15分ほどかけて準備運動。柔軟性を高めます。

音楽に合わせて
ウォームアップ

ブリッジで、体の軸を鍛えます。

ダンスの覚えも
どんどん
はやく
なります

ダンスを練習！

アームモーションを使った簡単な動きを覚え、ポンポンを持って踊ります。音楽がかかるととたんに笑顔がはじける！

こまめに休憩

1時間のレッスンで2～3回休憩が入ります。しっかり水分補給！

スタンツにも挑戦

4歳の新メンバーがダブルベース・サイ・スタンドに初挑戦。「お腹に力を入れて！」とコーチ。

ベースも
しっかり笑顔！

レッスンの最後も元気にあいさつ。コーチに指摘された「今日のよかったところ・悪かったところ」を次のレッスンに活かします。

出席カードにスタンプをもらう

出席カードのスタンプがたまると、かわいいプレゼントがもらえます。「もうちょっとでたまるよ！」とうれしそうな子どもたち。

18：00　ジュニアレッスンスタート！

小学３年生以上のクラス。丁寧にストレッチするところから始まります。

ひざを曲げないよう注意！

基本の技を練習

トータッチやキックがキレイにできるように、連続キックを練習。ハイＶの形が崩れないようにお腹をしっかり引き上げます。

つま先までぴんと伸ばします

スタンツ練習

まずはダブルベース・サイ・スタンドの足の形「ランジ」を確認。みんな真剣な表情！

スタンツ完成！「脇をしっかりしめて！」とコーチ。
ジュニアクラスも、大きな声であいさつをして終わります。

問合せ　スポーツクラブ　ルネサンス
http://www.s-re.jp/

チアリーディングの大会を観に行こう！

お互いに応援し合う雰囲気に圧倒される

チアリーディングを観に行きたい！　そんな人は、一度、競技大会に足を運んでみることをオススメします。

2分30秒の演技に全力をそそぐチアリーダーの姿に、チアをはじめて観る人も**感動すること必至！**　難易度の高いスタンツを完成させた瞬間や、高さのあるジャンプ、一糸乱れぬダンスを見せたときに、会場全体から割れんばかりの歓声があがります。

大会の醍醐味は、ダイナミックな演技を観ることに加え、演技中のチームを全力で応援する観客の姿に触れることにもあります。ぜひ**「チアスピリット」**を肌で感じてみてください。

大会を楽しむポイント

1 演技を楽しむ

2分30秒の演技に詰められた、
チーム全員でそろえたダンス、
迫力のあるスタンツの数々。
笑顔を絶やさずやりきるチアリーダー
に、自然と元気づけられるはず。

2 全力で応援する

演技前のチーム入場のときや、
スタンツが上がるときには
「がんばれー！」「できるよー！」と
いった応援の声が響き渡る会場。
チアリーディングを黙って
見ているのはつまらない。
声を張り上げ、「誰かを応援する」
楽しさを実感してみよう！

3 一緒にコールを叫ぶ

チーム名やチームカラーを観る人と
一緒にコールするのも、
チアリーディングの魅力のひとつ。
「Together say “CHEERS”！」
（“CHEERS” と一緒に言いましょう）
など、チアリーダーの呼びかけに
応じて、会場の一体感を
楽しもう。

チアリーディングの大会を観に行こう！①

USA ナショナルズ・イン・ジャパン

本場アメリカからチアリーダーが来日。男女混成のスタンツに会場がわきます。

ユナイテッド・スピリット・アソシエーション・ジャパン（USAジャパン）は、チアリーディング、ダンス関連の指導・育成を行っているアメリカの団体、ユナイテッド・スピリット・アソシエーションの日本支部。「応援する人たちを応援する」をスローガンにかかげ、1988年より活動しています。

そのUSAジャパンが主催する、チアリーディング、チアダンスの競技大会「USA ナショナルズ・イン・ジャパン（全国大会）」が、毎年3月末に幕張メッセなどで行われています。そこで、その活気あふれる大会の様子をレポート！　全国11地域の地区大会を勝ち抜いたチームだけが出場できる、1年に一度の大きな晴れ舞台です。

オープニングセレモニー（開会式）

USAジャパン公認インストラクターによるデモンストレーション演技で、全国大会が幕開け！　華やかなステージに、会場のボルテージが一気に上がる。

小学生とは思えない難しい
技がどんどん飛び出す！
芝浦エンジェルス

会場を盛り上げる、早稲田大学
男子チアリーディングチーム
SHOCKERS

クロージングセレモニー（表彰式）

ジャンルやレベル、人数別のエントリー部門ごとに、上位チームが発表される。呼ばれたチームも周りのチームもあたたかい拍手を送り合うのが、チア競技大会の最大の特徴だ。

大会を楽しむポイント

USAジャパンが主催する大会

冬

12月～3月：USAリージョナルス（地区大会）。全国11か所、17日間にわたって開催される。

3月末：USAナショナルズ・イン・ジャパン（全国大会）

★さらに、ナショナルズで選出されたチームは、アメリカ・フロリダ州、ディズニーワールド内で開催される大会「IASF Cheeleading and Dance Worlds」への出場権を手にすることができる。

夏

7月：オールスター・チャレンジ・コンペティション（東京）

8月：チャレンジ・コンペティション・ウエスト（大阪）、スクール＆カレッジ・コンペティション（東京）

★その他、イベントや講習会の実施、協会公認インストラクターの派遣なども行っている。

http://www.usa-j.jp/jp/top.html

チアリーディングの大会を観に行こう！②

チアコンペティション

練習の成果をぶつけます！

緊張しながらも、
堂々、笑顔で演技。

大会スタート

会場は代々木第二体育館。大会に出場するチームのコーチがオープニング演技に登場！

円陣

「心をひとつにがんばろう」の気持ちを込めて、チーム全員で円陣。気合が入る！

チアコンペティションは、2005年から毎年夏に行われているチアリーディング、チアダンスの競技大会。最大の特徴は、「競技会」としながら、順位を競うことを第一の目的とはしていないところです。

大会を通じて大切にしているのは、「チアリーダー同士の交流」「応援し合うことでチアスピリットを養う」「チームのみんなで努力することの大切さを学ぶ」の3点。優勝、準優勝の他に、スマイル、チームワーク、テクニカル賞など、得点とは別の賞が設けられています。演技規定が少なく、気軽に参加できるのもこの大会の特徴。チアを始めたばかりの幼稚園児から社会人チームまで、幅広い層が参加しています。

他のチームを応援

他のチームの演技を観て、一緒にコールしたり、全力で応援。チアの大会ならではの光景だ。

クロージングセレモニー（表彰式）

結果発表は緊張の時間！　チームの名前が呼ばれたら、代表者は前に出る。

トロフィー

トロフィーはどのチームの手に！？　どきどきしながら結果を待つ。

練習でやってきたことをすべて出し切って、感激の涙！

コーチとがっちりハグ！　笑顔がはじける。

チアコンペティション
http://www.cheer-competition.com

おわりに

最後まで読んでいただき、本当にありがとうございました。

チアリーダーズ・バイブルは、いかがでしたか。

本書では、はじめてチアリーディングに挑戦する人も、正しく、安全に練習できるよう、基礎的な技を中心にまとめてきました。

簡単に見える動きでも、手先、つま先、ひざなど、一度にいろいろな点を注意しながら、正しいフォームで行うのは難しかったのではないでしょうか。解説やポイントを読みながら練習を重ね、技やスタンツのレベルを少しずつあげていってみてください。

技術の向上だけではなく、チアスピリットを理解し大切にすることも、チアリーダーとして欠かせない要素です。
「チームワークを大切にし、仲間を思いやりながら、見ている人を励まし、元気づける存在であること」。このチアスピリット（応援する心）を大切にし、ぜひ素敵なチアリーダーになってもらえたらと思っております。

出版にあたり、東京書籍の藤田六郎さん、増田佳苗さんをはじめ、ＤＶＤ製作の佐藤栄記さん、笠覚行さん、編集の田中瑠子さんなど多くの方の力をお借りしました。みなさまと「チアリーディングの魅力を伝えたい」という熱意を共有しながら、本づくりを進められたことを、とてもうれしく思っています。
本書を通じて、ひとりでも多くの人が、チアリーディングの魅力に触れ、より身近に感じ、ますますチアリーディングを好きになってくれたら、著者としてこれほどうれしいことはありません。

ちこ

ちこ

（チアクリエーション代表
元NFLチアリーダー）

4才から器械体操をはじめ、大学からはチアリーディングに転向。桜美林大学チアリーディング部「スリーネイルズクラウンズ」でキャプテンを務める。
卒業後はクラブチーム「デビルス」でチアリーディングを続ける傍ら、アメリカンフットボールXリーグチアリーダーとしてチアダンスをはじめ、USA（ユナイテッド・スピリット・アソシエーション）オールスターズなどで活躍。
2003年には、チアの本場アメリカのNFL「オークランドレイダース」レイダレッツに合格。2004年には「シアトルシーフォークス」シーギャルスメンバーとして活動。
帰国後、チアクリエーションを設立。現在は、テレビ・CMやイベントでのチア振り付けや演出、プロのチアチームのプロデュースなどを手掛ける。
また、全国にキッズチアスクールを展開、約1,600名の生徒を抱える指導者でもある。

チアリーダーズ・バイブル

2014年3月1日 第1刷発行

★

著者――ちこ
発行者――川畑慈範

発行所――東京書籍株式会社
東京都北区堀船2-17-1　〒114-8524
03-5390-7531（営業）／03-5390-7500（編集）
URL――http: //www.tokyo-shoseki.co.jp

印刷・製本――図書印刷株式会社

★

編集協力――田中瑠子
企画協力――河端美香
ブックデザイン――坂野公一（welle design）

★

ISBN978-4-487-80836-6 C2075

★

モデル協力（チアクリエーション）

STAR CHEERS

日本代表として活躍したメンバーも有する
チアリーディングチーム。
イベントやテレビ、CMなどを中心に出演！
「STAR CHEERS」には
チアダンスチームもあり、
幅広く活躍中！

C☆C STARS

2011年に結成された
チアリーディングチーム。
小学3年生から中学2年生までが所属。
2012年全国大会準優勝（Level1）。
現在も全国大会を目指し活動している。

撮影協力

山田良治／鈴木るりこ／磯崎由佳／山田美江
（チアクリエーション http://cheer-c.jp/）

VITA COCO
coconut water

衣装協力

UNDER ARMOUR

チアリーダーズ☆バイブル DVDの楽しみ方

本書の付録DVDでは、本書で解説している内容が動画によって視覚的に確認できる構成になっています。
DVDに収録されている映像は6つのカテゴリーに分かれており、含まれる内容は以下の通りです。

☆はじめに　オープニング
☆Lesson 1　基本の技：サイドキック、フロントキック、ストラドルジャンプ、Cジャンプ、トータッチジャンプ
☆Lesson 2　スタンツ：ダブルベース・サイ・スタンド、サイド・サイ・スタンド、サイド・サイ・ヒールストレッチ、サイド・サイ・スコーピオン、ショルダーストラドル、ジャンプアップのショルダーストラドル、エレベーターwithポスト、ポップアップのエレベーター、エレベーターからのディスマウント　はらい、エレベーターからのディスマウント　ポップアップ、リバティ、エクステンション、オール・ザ・ウェイアップ・エクステンション
☆Lesson 3　タンブリング：倒立、側転、ホップして側転、ホップしてロンダート
☆Lesson 4　おうちでトライ！　アームモーションを強くする自宅レッスン方法
☆チャレンジルーティーン　音楽に合わせた演技　基礎編・応用編

チアリーダーズ☆バイブルDVDで、チアリーディングの魅力にもっと触れ、さらにレベルアップしていきましょう！　1, 2, 3, Let's Go!

※チアリーダーズ☆バイブルDVDご使用の際には、必ず巻頭の〈著作権に関するご注意〉*1と〈健康上の注意〉*2をご確認いただくよう、お願いいたします。

DVD使用上の注意

付録のディスク（DVD-Video）は、DVD-Video に対応する機器で再生して、視聴してください。機器の操作方法について不明の際は、当該機器の取扱説明書等をご確認ください。
また、パソコンで再生する場合には、ご使用のプレイヤーソフト、そのバージョン、パソコンのOS などによって正常に再生されないことがあります。メニュー画面でALL PLAY を選択すると再生できる場合がありますので、お試しください。
なお、DVD ディスク単独でのレンタルは禁止します。コピーは出来ません。

*2〈健康上の注意〉：ご視聴の際には部屋を明るくし、モニターやスクリーンに近づき過ぎないようにしてください。
とくに体調の悪い人や小さいお子さまの場合には注意が必要です。
また、チアリーディングの演技には難易度が高いアクロバティックな要素が含まれる場合があります。
練習・演技の際は、必ず、該当する本書の記述を併読し、ストレッチ等の十分な準備運動のうえ、周囲の安全を確保し、経験者、指導者、補助者などによる適切な指導・サポートのもとで行ってください。
なお、チアリーディングの練習・演技に起因する怪我・疾病・事故には、直接的、間接的にかかわらず、チアクリエーションと東京書籍株式会社は一切の責任を負いません。あらかじめご了承ください。